# Les Mystères d'une Caisse d'Épargne



Il est une Caisse, qui, bien qu'elle ne soit pas une grosse caisse, fait depuis trois ou quatre mois beaucoup de bruit dans Landerneau ; c'est notre Caisse d'épargne, dont la commission administrative, composée de conseillers municipaux comme on n'en voit guère, a pour président un maire comme on n'en voit pas. Aussi nos maîtres renards, qui vantent son ramage comme son plumage, l'appellent le phénix des maires brivadois; et lui, se drapant dans son paletot couleur frise-muraille, se pavane, cela va sans dire. Ceux qui nous connaissent l'un et l'autre, comprendront difficilement comment et pourquoi, moi, républicain démocrate et libre-penseur socialiste radical, je me trouve fourré dans cette Caisse, où se démène comme un diable dans un bénitier, le chef de la coalition clérico-radicale qui l'a fait, par ses votes, maire de la ville de Brioude, conseiller général du canton de Brioude, député de l'arrondissement de Brioude.

Il n'en est pas moins vrai qu'à l'occasion de cette affaire qui est la grande affaire, l'affaire Dreyfus de notre petite ville, mais dont je ne m'étais occupé en aucune manière jusqu'à ce jour, j'ai été mis sur la sellette des accusés, non-seulement comme président de Caisse d'épargne, mais encore comme maire, fonctions que je n'exerce plus depuis 14 ans.

Je suis convaincu d'avoir commis toutes sortes de méfaits, dans mon administration à laquelle a si heureusement, si brillamment succédé, chantent en chœur ses caudataires, l'administration actuelle que le département tout entier nous envie.

Nous sommes donc forcé, tout en laissant à chacun le soin de comparer, apprécier ces deux administrations, de faire rentrer dans la gorge à nos adversaires, les insinuations jésuitiques ou impudentes et tous les mensonges qu'ils rabachent si souvent contre mes amis et moi.

Pour cela nous avons à prendre, depuis son origine jusqu'à ce moment, la revue rétrospective que nous allons faire de notre histoire municipale. On verra, si dans les 69 ans de notre vie politique, nous n'avons pas rempli, comme nous devions, nous pouvions le faire, nos devoirs de brivadois, de citoyen, de républicain, de patriote. Nous devons à nos concitoyens comme à nous, de faire connaître nos actes administratifs, politiques, financiers et ceux de leur maire actuel. C'est d'ailleurs sur des procès-verbaux officiels, des délibérations authentiques, des écrits publiés depuis longtemps que nous les leur remettons sous les yeux.

Il existe dans notre bonne ville de Brioude deux journaux, qui, bien que portant à leur drapeau une cocarde de couleur différente, sont, non pas des frères ennemis, mais des frères siamois. L'un est le *Moniteur de Brioude*, organe des cléricaux anti-républicains, anti-socialistes, anti-libres-penseurs, dont l'état-major, composé, d'après des documents récemment découverts, de futurs fonctionnaires de leur futur roy, s'est réuni à Brioude où, au dire d'un journal qui n'est pas du cru, se trouvaient une douzaine de jeunes et vieux nourrissons de Thémis, une dizaine de tondus ou mi-tonsurés de nos cantons, un

Greilet d'Allègre et deux représentants du Puy, le marquis de Miramon et l'ancien député, Jules de Labatie, nommés *in partibus infidelium*, à la Restauration à venir, le premier, préfet de la Haute-Loire, le second, procureur général à la Cour de Riom. S'associant à la Ligue de là jeunesse royaliste, dont le chef, Godefroid du Bouillon (Duval) avait envoyé un de ses lieutenants prêcher la croisade, qui devait se faire aux cris de Kiff-Kiff, par l'alliance du sabre et du goupillon, pour renverser la République, ils ont adressé à leur Gamelle d'Orléans, un manifeste ou ils lui jurent, qu'ayant formé un comité d'action, ils feront à son premier appel une levée de robes noires, et descendront dans la rue, pour le faire asseoir sur le trône du roi po... du roi pu... du roi populaire dont il est l'héritier.

L'autre est le *Radical*, de Brioude aussi, organe du député, qui arrivé à la Chambre par l'appui, à droite, des réactionnaires, monarchistes et cléricaux, à gauche, des anarchistes et communistes, s'abstient, à la Chambre, pour ménager la chèvre et le chou, dans tous les votes ou, comme dans le budget des cultes, il s'agit d'accorder ou de refuser des subventions à l'église, et dans les questions politiques et financières, ou il faut être pour ou contre le gouvernement dont il veut se ménager l'appui, sans paraître trop ministériel, croyant ainsi se dépêtrer de la Caisse où il est empêtré jusqu'au cou.

Ces journaux font à tout propos, hors de propos même, feu des quatre pieds contre moi, sachant que, pour défendre ma personne et mes principes, je dois, n'ayant point dans ma ville natale de journaux à ma disposition, avoir recours à un imprimeur étranger.

Ainsi, il y a déjà longtemps, dans des notices sur l'histoire de Brioude, j'ai rappelé, glorifié la lutte que sa vieille bourgeoisie a soutenu pendant 700 ans, pour lui donner ses franchises communales, contre ses seigneurs spirituels et temporels, les comtes chanoines du chapitre de Saint Julien. J'ai soulevé contre moi les colères des revenants de l'ancien régime, qui, s'ils ne peuvent ressusciter le servage et les droits du seigneur, voudraient mettre le trône sur l'autel, par la restauration d'un roi de droit légitime.

Plus, récemment, j'ai été de ceux qui ont signalé les conséquences onéreuses du casernement d'un quatrième bataillon acheté trop cher, que les uns voudraient avoir à tout prix, les autres, en faisant des offres illusoires, comme notre maire. Au lendemain du jour ou Issoire, Thiers, St-Flour, Aurillac refusent ce présent qu'on leur veut faire, en le mettant aux enchères, pour ne pas s'endetter ou ruiner ; que Riom, à qui un de ses députés a donné cent mille francs, et l'autorité militaire demande seulement deux cent mille francs, refuse de faire ce sacrifice ; lorsque sur de simples bruits de guerre ces quatrièmes bataillons ont été de plusieurs garnisons au complet, envoyés en Corse, en Algérie, en Tunisie, dans les colonies, sur les côtes ; lorsque enfin il est évident que Brioude n'ayant pas de caserne, les soldats du quatrième bataillon qui va être créé, devront loger chez les habitants pendant les deux années que demandera la construction de leur caserne, l'emballement continue. Beaucoup regardent encore de bonne foi, je n'en doute pas, le quatrième bataillon comme une vache à lait bonne à traire. Un des correspondants du *Moniteur de Brioude* donne même un moyen infaillible de l'obtenir sans bourse délier, ce qui supprimerait en même temps que toute surimposition, *Ad majorem Dei gloriam*, les établissements d'instruction laïque ; c'est de transformer en caserne notre collège qui date de 1584, comme avait voulu le faire l'administration Pradier-Faurot, et l'école laïque des filles qui contiendraient à peine cent internes. Je n'en reste pas moins en opposition avec cette partie de la population ou je compte de nombreux amis, tandis que par d'autres, je suis regardé comme un ennemi de l'armée.

Dans ces derniers temps, j'ai cru devoir, puisque ces propositions n'étaient pas faites même par des députés, adresser comme simple citoyen, à la Chambre du suffrage universel, deux pétitions, tout en sachant qu'elles iraient dormir dans les cartons ministériels. Dans l'une je demandais l'abrogation du décret par lequel l'Assemblée rurale de Versailles avait voué la France au Sacré-Cœur ; elle a été renvoyée, sur l'avis de la commission des pétitions, aux ministres compétents. Par la seconde, je demandais de soumettre à la grande Commission de l'instruction publique, une proposition tendant à n'accorder le certificat d'études, ouvrant l'accès à diverses carrières publiques au moyen de brevets de capacité, qu'aux élèves des deux sexes ayant reçu pendant deux ans au moins l'instruction primaire dans une école communale laïque. Il me semble que si l'enseignement à tous ses degrès doit être libre, ce en quoi je suis en désaccord avec beaucoup de mes amis politiques, l'Etat à le droit comme le devoir de ne donner des fonctions rétribuées par lui, qu'à des français ayant reçu une instruction et une éducation civiques. J'ignore ce qu'il en est advenu.

Dans des écrits récents, j'ai pris dans la mesure de mes forces, part à l'examen des grandes réformes sociales et politiques, qui devront donner la terre aux paysans, les instruments et les produits de leur travail aux associations ouvrières, et assurer une paix durable, *non armée*, entre les nations.

En conséquence je comprends très bien que les réactionnaires, les conservateurs, les républicains opportunistes et les radicaux poussifs, qui prétendent maintenir la société actuelle avec ses inégalités, ses iniquités, ses misères, me dénoncent comme un révolutionnaire; que les gens d'église lancent contre moi l'excommunication majeure et mineure que fulminent les hommes noirs.

Mais ce qu'on peut appeler un comble, c'est qu'à propos d'une question où la politique, ni le culte n'ont rien à voir, le rédacteur en chef de la feuille des cléricaux antisémites, qui pour le moment se contenteraient de voir allumer les bûchers de l'inquisition pour les juifs

seuls, exprime publiquement, en faisant des yeux en cou-
lisses, le regret bien senti que la mort m'ait oublié, désirant
que j'aille geindre le plus tôt possible dans les flammes de
leur enfer.

Tant de fiel entre-t-il dans l'âme des dévots.

De son côté, la feuille du Janus à deux faces, qui pourrait servir de girouette, sème à pleines mains sur moi,
les grossiers quolibets, les stupides sobriquets qu'il va
ramasser dans la boue de ses faubourgs.

Tant de bêtise est-elle en ces esprits radicaux.

Comme les crachats de ses rédacteurs leur retombent
sur le nez, je n'ai pas besoin de leur laver la tête. Qui se
sent morveux qu'il se mouche. Je puis répondre aux autres:
j'ai enterré, il est vrai, plus d'un jeune des leurs ou de
leurs alliés, qui me tiraient aux jambes ; et pourvu que
dame Nature me prête vie, je pourrai bien en enterrer
quelques autres. Dans tous les cas, ce qui me console
d'avance, c'est de savoir que si j'accompagne à leur dernière demeure, quelques uns de mes adversaires politiques
avec lesquels j'aurais, malgré notre différence d'opinion,
conservé de bonnes relations, mon cercueil ne sera pas
suivi par des jésuites de robe courte ou longue, qui sont
dans leur genre aussi intolérants que fanatiques.

Je mourrai comme j'ai vécu, en libre-penseur, sans
être muni des Sacrements de l'église, qui a béni l'élection
comme le mariage de l'élu de son chef, et lui graissera
les bottes, le jour ou il fera le grand voyage dans l'autre
monde, pour lequel la compagnie de Jésus délivre à sa
dévote clientèle des deux sexes, des billets aller et pas
retour, en premières, deuxièmes et troisièmes classes, par
train omnibus, ou express. Dès à présent il est en état de
grâces, s'étant mis ouvertement dans les rangs des cléricaux antisémites dont le père Dulac, l'abbé Garnier,
Drumont, Lazie, Max Régis, etc, sont les porte-croix, et
cela dans diverses occasions, spécialement dans le journal

dont, quoiqu'il dise, il est le rédacteur en chef, l'inspirateur. Il y a fait ou laissé écrire *que des écrivains de valeur ont été largement arrosés par le syndicat juif pour soutenir la cause du traître Dreyfus* ; les écrivains qu'il a visés mais se garde bien de nommer, ce sont, personne ne peut en douter, ces vaillants journalistes de la démocratie avancée, Clémenceau, Ranc, Henri Maret, Jaurès, Millerand. Et ça s'appelle un radical !

Ceux qui n'ont à s'intéresser qu'à la question de la Caisse, pourront sauter les pages suivantes ou c'est de questions personnelles surtout qu'il s'agit. Mais comme ces questions ont été amalgamées, en mettant en présence l'administration Saint-Ferréol et l'administration Devins proclamée la meilleure des administrations passées, présentes et futures, il nous est bien permis, ne pouvant être soupçonné de poser pour le torse, pour une candidature à une position quelconque, ni pour le prix Monthyon, de remettre les hommes et les choses à leur place, soumettant à l'opinion publique qui nous jugera en dernier ressort, ce que le maire de 1883 et le maire actuel, ont été et ont fait pour Brioude.

En ce qui me concerne je n'ai qu'à rappeler ce que j'ai écrit dans mes mémoires.

Né à Brioude où j'ai vécu 70 ans, en ayant passé 18 sur la terre étrangère, proscrit par le coup d'État, j'ai fait de la propagande républicaine depuis 1830, ce qui fait que par mon âge, je suis le doyen de la démocratie républicaine dans la Haute-Loire, et peut être en France, depuis la mort de nos aînés de la Restauration, les Arago, Considérant, Cantagrel. Voici ce que je suis fier et honoré d'avoir, pendant ma longue carrière politique, comme sous-commissaire du gouvernement provisoire, nommé par Ledru-Rollin après la Révolution de 1848 ; président de la Commission de la Défense Nationale, nommé par Gambetta, après la Révolution de Septembre; maire, nommé par le gouvernement sous le règne de la Réaction, et par le Conseil municipal, fait pour cette ville, qui par ses suffrages et ceux du département, m'a fait l'honneur, ce dont je lui serai toujours reconnaissant, de m'envoyer la représenter à la législature en 1849, à la Chambre des députés en 1885.

## ADMINISTRATION

Après la Révolution de Février, lorsqu'il y eut un remaniement de la législation sur les vins, je pus obtenir avec l'appui de mon vieil ami Toussaint-Bravard, commissaire au Puy, que le département de la Haute-Loire placé dans la troisième catégorie, fut élevé à la deuxième, ce qui fit que les droits de consommation sur les vins furent abaissés de 3,50 à 2,50, et que les droits d'entrée à Brioude furent de 0,80 au lieu de 1 fr. Les droits d'octrois furent réduits proportionnellement et l'ont été par le Conseil municipal, sur mes propositions, toutes les fois que les droits de l'Etat l'ont été. C'est ainsi que de 1 fr. ils ont été abaissés successivement à 0,80, à 0,70 et sont à 0,60, malgré l'opposition de deux ardents radicaux de l'époque, et l'abstention du conseiller Devin, qui dès lors a débuté dans l'art de la natation entre deux eaux dans laquelle il est devenu si expert.

Nous fimes, avec mes collègues républicains de l'arrondissement, rejeter au Conseil général un nouveau tarif d'octrois préparé par la Commission extra-parlementaire dont était président M. Pradier-Faurot.

Pour ce qui nous regardait, nous supprimâmes les taxes sur les regains de foin, les luzernes, les trèfles, les pailles.

Dans un autre ordre de choses, nous avons interdit les processions sur le territoire de la commune, étant de ceux qui·pensent que la liberté des cultes doit être respectée, mais que c'est dans leurs édifices religieux que les cultes doivent être célébrés. Et nous avons supprimé le traitement des vicaires, luxe non concordataire, que les fabriques sont assez riches pour se payer.

En même temps, nous avons laïcisé les écoles de filles et l'école maternelle, créé une école primaire laïque de garçons, ce qui par parenthèse n'a pas empêché les pichatins, précurseurs des deviniens, de m'appeler un clérical. Nous avons obtenu du pouvoir compétent, malgré l'opposition des ponts et chaussées, l'autorisation pour les propriétaires de faire donner à leurs maisons, qui n'étaient pas à l'alignément, un crépissage considéré alors comme un travail réconfortatif, parconséquent interdit, ce qui a rendu au moins plus gaies les rues tortueuses de Brioude.

Au lendemain de la révolution de septembre où l'empire était tombé dans la boue et le sang à Sedan, la commission dont étaient membres, avec moi, Allemand, Amable Marchet, Amable Beraud, Tallandier, cultivateur, Tixier-Quintin, le docteur Noir, a pris dans la caisse des fontaines dont les travaux furent continués pendant toute la guerre, les 56,000 francs que, frappée comme toutes les autres d'une surimposition de 56 centimes, elle devait mettre dans les quarante-huit heures à la disposition de l'État pour armer les mobiles. Cela fit jeter les hauts cris à nos conservateurs napoléoniens. Plus tard, le gouvernement a remboursé à toutes les villes, et à Brioude par conséquent, les sommes qu'elles avaient données en numéraire, mais n'a rien rendu aux contribuables qui avaient été surimposés et auraient ici perdu entre eux tous, au prorata de leur impôt, 56,000 francs.

Nous ajouterons enfin pour mention: le classement des chemins ruraux, seul moyen d'empêcher leurs empiètements par la prescription, la pose de plaques métalliques indiquant les noms anciens et nouveaux des rues, que peu de personnes connaissaient ;

L'installation sur la place de la Pomme, d'une bascule

pour peser les porcs qui encombraient le bureau central.

La création d'une bibliothèque populaire à l'Hôtel de Ville, avec une subvention de 2000 fr. mise à notre disposition par les deux frères Joseph et Aimé Pissis, morts dans le Nouveau Monde.

*<br>* *

## Dépenses et travaux d'utilité publique, proposés, votés, terminés ou commencés, avec le concours ou l'assistance des Conseillers municipaux républicains.

Fontaines, quote-part dans la dépense qui a été de 234.000 fr. 156 000 fr., savoir : conduite principale 103.000 fr.; conduits Zeller, 15.000; procès Grandoux, 33.000 fr. ; gratification aux employés et conducteurs des ponts et chaussées, 5.000 fr. Toutes les administrations depuis 1864 jusqu'en 1888, ont contribué à cette grande œuvre de salubrité qui a doté les habitants de notre ville d'eaux pures, claires, abondantes.

L'administration Couguet-Coupe à fait adopter le projet de captation des eaux de la Senoire, chargé M. Coume, ingénieur en chef des ponts et chaussées au Puy, de dresser les plans et devis, soldé la partie des travaux faits pour traverser le lit du ruisseau et fait commencer la conduite.

L'administration Pradier-Faurot a présidé à la distribution, par ces fameux tuyaux de terre qui ont si souvent éclaté pour une cause quelconque, des eaux arrivées sur le plateau, du château d'eau dans les fontaines de la ville sur lesquelles il a fait graver son nom.

Mes amis et moi avons fait le reste de la conduite, ainsi que les accessoires suivants : Lavoirs, conduite d'eau à l'abattoir, bornes-fontaines, bouches d'eau, 5.000 fr.

'Contribution pour la Défense Nationale aux mobiles, 56.000 fr. ; pour les francs-tireurs, 20.000 fr. ; halle aux grains, y compris l'acquisition d'une partie de la maison Bacquier, 46.000 francs ; abattoir avec ses accessoires, 50.000 fr.; éclairage au gaz, candélabres, 10.000 fr. ; indemnités pour l'élargissement des rues de Sébastopol et des Aiguillères, 8.000 francs ; agrandissement du cimetière, 6.000 fr.; restauration et réparation des bâtiments du collège, salle des conférences et des concerts, 24.000 fr.; décors du théâtre, 1.000 francs ; restauration de l'école maternelle, 8.000 fr. ; construction de l'école laïque de garçons, 115.000 fr. ; horloge de la ville, 1.500 fr. ; terrasse du Postel, 4.000 fr.; marché aux herbes, 7.500 fr.; encadrement du tableau du Serment du Jeu de Paume, obtenu par Edmond Lafayette, 150 fr.; drap funéraire pour le cercueil des libres-penseurs 100 fr. ; nettoyage du canal des boulevards Désaix et Jacopin, 300 francs ; construction de la digue et de la passerelle en pierre sur le ruisseau de Courgoux, 100.000 fr. ; remboursement d'arrérages pour emprunts, 164.000 fr. ; chemin court du boulevard au cimetière, 600 fr. ; trottoir planté, du boulevard à la gare, sur un terrain cédé gratuitement par la compagnie P.-L.-M., 200 fr. Il y a lieu d'ajouter la passerelle métallique sur le Courgoux, route de la Chaise-Dieu, 11.000 fr., et le beau pont rigide jeté sur le nouveau lit que l'Allier s'était fait dans une de ses grandes inondations, 210.000 fr.

Ce qui porte à un million 126.000 fr., les dépenses et travaux faits de 1870 à 1886, sous notre administration.

De ce million il y a à distraire d'abord les sommes données ou remboursées par l'État, savoir : 211.000 fr. pour les ponts ; 56.000 fr. pour le remboursement de l'impôt des mobilisés ; 12.000 fr. pour la subvention aux francs-tireurs ; 64.000 fr. pour la restauration et construction des écoles laïques ; 11.000 fr. pour celle du collège ; 38.000 fr. pour la digue. Reste pour les dépenses à la charge de la ville, 740.000 fr., payés avec les ressources de la ville et les emprunts, ayant exigé quatre centimes additionnels, deux de moins que les contribuables en ont aujourd'hui à débourser.

Enfin nous nous empressons de rappeler que les administrations Marsal et Esculier ont contribué elles aussi aux travaux des fontaines, en terminant la conduite en fonte des eaux du château d'eau au Postel, qui a coûté 10.000 fr. et à l'éclairage de la ville par de nouveaux becs de gaz du prix de 1.300 fr.; qu'elles ont payé les dépenses suivantes: marché aux herbes, 7.500 fr.; couverture du ruisseau de Geste, jusque aux maisons habitées, 800 fr.; construction d'une porcherie à l'abattoir, 1.000 fr.; ouverture du chemin court, 600 fr.; terrasse du Postel, 800 fr.; latrines et travaux de voirie, 700 fr.; acquittement de la créance Zeller dont la dernière annuité de 1.820 fr. n'était payable qu'en 1889, 6.000 fr. Total, 32.000 fr.

Elle a eu à rembourser pour amortissement des emprunts, 24.000 fr.

*<br>* *

Maintenant, chapeau bas, chers concitoyens, je vais vous présenter avec les honneurs dus à son rang, l'administration Devins, non en déshabillé mais parée de tous ses atours, ses hautes œuvres.

Vous connaissez la biographie de celui en qui elle est incarnée. Elle a été assez souvent contée en prose et en vers; nous la résumons eu peu de mots.

Votre maire actuel, comme feu M. Gaubert, n'est pas un enfant de Brioude, et comme lui, il est venu s'y fixer et a décroché la timbale municipale. C'est là d'ailleurs leurs seuls points de ressemblance. Le premier travaillait à remplir les caisses de la ville; le second travaille surtout à la vider. Ses contemporains nous ont appris qu'en son petit village de Beaumont

> Où l'eau sainte du baptême
> Coula sur son front naissant.

comme dit le cantique, alors que son papa chantait le

*Salvum fac imperatorem*, le jeune Louis était un enfant de chœur modèle, ce dont il n'est pas responsable sans doute, mais donne à supposer qu'il a gardé dans le cerveau, l'empreinte que l'église y a mise.

Ce sont eux encore qui ont raconté que lorsque, plus âgé, le Devins faisait son cours de médecine à Paris, il allait à la messe, s'il ne la servait plus, et était de ces élèves des écoles qui prenaient leur mot d'ordre dans un des comités badengeuzards de la capitale. N'ayant pas eu personnellement connaissance de ces faits d'extrême jeunesse, nous ne les citons que pour mémoire.

Ce que nóus savons, c'est qu'à l'âge ou tous français doit être soldat, le conscrit Louis, restant fidèle à ce commandement de Dieu : *Tes père et mère honoreras, afin de vivre longuement*, resta blotti

> En bon bourgeois dans sa maison
> Le dos au feu, le ventre à table,

pendant la durée de la sanglante et ruineuse guerre de l'année terrible.

La guerre faite, il dut s'orienter du côté d'où venait le vent, vers la République. Peu de temps après s'étant installé à Brioude, comme médecin, il s'insinua dans le parti républicain, et manœuvra si bien, qu'en 1885 il fut un des principaux auteurs de la scission qui a divisé le parti républicain. Il remplaça Jules Maigne au Conseil général, commença ensuite à le sous-jamber pour arriver à la députation, d'abord en accolant, sans son consentement, le nom de Jules Maigne, à celui du clérical Malartre, pour empêcher l'élection des deux candidats républicains, Edmond de Lafayette et Vissaguet, ensuite en préparant dans l'ombre sa candidature. Enfin pour peloter en attendant partie, il rendit possible la nomination des candidats cléricaux, jetant dans les jambes des candidats sénatoriaux Vissaguet et Allemand, sa candidature. En dernier lieu, c'est avec le concours de cléricaux et de réactionnaires de toutes couleurs qu'il est devenu député. *Ecce homo.*

C'est le maire point par lui même qui va dire ce qu'il a fait pour Brioude.

## ADMINISTRATION DEVINS

*Suppression* du commissaire de police — par suite, il n'y a plus de police dans Brioude; les deux agents, malgré toute leur bonne volonté, n'ayant pas l'autorité suffisante pour dresser des procès-verbaux contre les ivrognes qui sont de la paroisse municipale, les poules qui sont des voisins, et, parlant par respect, comme on dit au village, les cochons des frères et amis.

*Suppression* des gardes champêtres — par suite, les maraudeurs, bien en cour municipale, peuvent faire impunément leurs choux gras et leur cueillette de chasselas, d'échalats, de lapins, dans les jardins et les vignes de ceux qui n'ont pas les moyens ou la précaution d'y mettre des pièges à loups ayant les deux pieds blancs.

*Suppression* du contrôle journalier des abattoirs — par suite, les bouchers peuvent sans le vouloir, sans le savoir personne n'en doute, livrer des viandes tuberculosées, trichinées, aux pratiques qu'ils veulent le mieux servir.

*Autorisation* de laisser vaguer les poules, les canards, les oies, sur la voie publique, transformée en terre de vaine pâture, à la demande des amis de la liberté de la volaille.

*Augmentation* des droits de place sur les objets alimentaires, taxés désormais par tête, ce qui est vexatoire, sans nécessité, et peut diminuer l'importance de nos marchés si bien approvisionnés; est en outre illégal, contraire aux règlements, portant que les objets soumis aux droits de place doivent l'être, non par tête comme à l'octroi, mais en raison de l'emplacement qu'ils occupent. C'est ce qui a fait que les Conseils municipaux qui ont précédé les Deviniens, ont toujours refusé de taxer les veaux plus que les bœufs, ou les chevaux, malgré l'avantage qu'y auraient trouvé un grand nombre d'agriculteurs qui se laissent facilement exploiter par les acheteurs en gros, bénéficiant de la remise du droit à la sortie des veaux.

*Suppression*, sans autre motif que celui d'être désagréable à quelques commerçants voisins appartenant à l'opposition, du marché au beurre, aux œufs, au gibier, aux fromages, sur la terrasse de l'Hôtel de Ville, qui n'est guère fré-quentée que par une douzaine de joueurs de cartes, reste vide alors que la rue du Commerce est encombrée ; et où les acheteurs et les vendeurs se tenaient sous les arbres en été, à l'abri du vent en hiver,

> Près du monument funéraire,
> Qui de sa teinte plombifère,
> Colore seule nos remparts
> *(Air connu)*

et l'installation de ce marché dans un ancien cimetière, aux portes de l'église, à l'ombre d'une croix de mission, où les acheteurs et les vendeurs sont exposés à se geler et prendre des rhumatisme de décembre en avril, des coups de soleil et des ophtalmies de juin à septembre.

*Arrêtés*: défendant à la Lyre Brivadoise de faire de la musique dans les rues, sans l'autorisation du maire; à des charpentiers qui n'étaient pas de la bande, d'appuyer des planches contre leur mur, alors que leurs voisins, bien en mairie le faisaient; à des aubergistes de laisser stationner des charrettes et des voitures devant leur maison, alors que dans la même rue les charpentiers du parti vainqueur avaient le droit de le faire ; suspendant un garde-cham-pètre pendant plusieurs mois de suite, pour arriver par une voie détournée à une révocation que le préfet seul peut prononcer ; révocation d'un des plus anciens et des meilleurs buralistes d'octroi, coupable d'avoir dressé un procès-verbal contre le papa beau-père. Arrêtés annulés tous pour excès de pouvoir, un maire n'ayant le droit que de faire des arrêtés généraux, devant être approuvés par le préfet ou exécutoires après un mois seulement.

*Délibérations* du Conseil municipal, prises sur la proposition du maire : droits de place sur les paniers de jardinage transportées des jardins à domicile ; refus en séance extraordinaire publique, d'aller rendre visite en corps, le premier jour de l'an à un sous-préfet ; blâme contre le sous-préfet Mayer, accusé d'administration anti-républicaine (parce qu'il était juif) ; blâme contre le receveur de l'hospice, le plus intelligent, le plus dévoué de ceux qui ont rempli cette charge, et contre le Conseil administratif de cet établissement.

*Délibérations* annulées par le préfet, le conseil municipal étant sorti de ses attributions.

*Gestion* occulte, par emploi sans l'intervention du receveur municipal, d'une souscription publique.

*Numérotage* des portes de tous genres pour habitations, écuries, jardins, dont le besoin se faisait sentir dans une ville aussi grande que Brioude, ou sans cette précaution les lettres resteraient en détresse à la poste, et les habitants perdraient leur temps à la recherche des personnes qu'elles veulent voir.

*Transport* des barrières d'octroi, des places de la Pomme et St-Barthélemy, à la gare, ce qui donne toute facilité aux propriétaires de vignes situées à l'ouest de la ville, de faire entrer sans obstacles dans les barrys, leurs vins et leurs autres produits.

*Liberté* aux débitants de boissons non hygiènique, dont le concours dans les élections n'est pas à dédaigner, de laisser ouverts la nuit, après l'heure réglementaire, leur établissement, ce qu'il n'est permis à un maire de faire qu'à l'occasion de noces, sans l'autorisation du préfet, et facilite la contagion de l'alcoolisme, le grand pourvoyeur d'hôpital et de prison.

*Campagne* pour et contre le casernement d'un quatrième bataillon, le maire ayant pour contenter tout le monde et son père, soumis à un referendum de son invention, la proposition de mettre à la disposition de l'État 750.000 fr. prix que devait selon lui coûter le casernement, et après la rejet de cette proposition, ayant offert 400.000 fr. avec des conditions inacceptables, à l'autorité militaire qui en demandait 600.000.

*Conservation* de ses fonctions de maire, à Paris où il touche ses 25 fr. par jour, laissant à Brioude l'administration à la discrétion de son grand adjoint, qui prend la goutte dans son apothicairerie humide, à tout bout de champ, et de son petit adjoint, toujours dans les vignes.

*<br>* *

*Dépenses et travaux* extraordinaires: donné aux frères, par arrêt de cours interprétant en leur faveur un testament d'un ancien curé, 10.000 fr.; id. pour plaidoirie, 1.200 fr.; id. pour indemnités de logement aux frères, restés pendant deux ans hors de leur école, 2.000 fr.; dépenses obligatoires, mais la dernière due à une faute lourde du maire, qui a mis les frères à la porte de leur école, avant que le procès pendant entre eux et la ville ne fut terminé.

*Contribution* à la démolition de la dernière maison faisant saillie sur la rue Jules Maigne (ancienne rue des Aiguilliers) 8.000 fr. Cet alignement avait été promis, moyennant 4.000 fr., en même temps que le rachat du péage du pont de Lamothe supprimé par la loi. Les Conseillers généraux de l'arrondissement de Brioude avaient laissé donner la priorité à un alignement dans la traverse d'un village de l'arrondissement du Puy et à un rachat de péage dans celui d'Yssingeaux. Contribution au rachat du péage du pont de Lamothe, d'une utilité incontestable pour les communes intéressées : 3.000 fr.

*Alignement* de trois maisons de la rue de Sébastopol, 12.000 fr. *Alignement* de trois maisons en saillie sur la place de la Fénérie, dépense de luxe couverte par une surimposition, 24.000 fr.

*Couverture du ruisseau* de Geste, de la partie déjà faite jusqu'au boulevard, 8.000 fr. — dépense non urgente — *Couverture* du même ruisseau. de la place de la Pomme

au chemin du cimetière, 20.000 fr. Dépense dont le résultat est de donner à cette voie, surnommée le boulevard Devins, étant la grande pensée de son règne, l'agrément, à une demi douzaine d'habitants des Barrys, de montrer leur derrière de maisons, à ceux qui vont poser des sentinelles le long du mur de l'hôpital.

*Achat,* sur le désir de la Marguillerie, d'une moitié de maison pour dégager un des piliers du porche nord de l'église, 4.000 fr. — dépense devant nécessiter l'achat de l'autre moitié de la maison.

*Allocation* pour la restauration de l'église, 2.000 fr.

*Pavage en pierres d'échantillons,* de la rue Savaron à l'église — dépense de luxe, pour, être agréable à la gent dévote, et surtout pour faire digérer à ceux-là même qui ont des estomacs d'autruche, le pavage du même genre de la rue habitée par le grand adjoint, pavage qui a couté avec sa prolongation, 4.000 fr., et dépense de luxe injustifiable, lorsque des rues plus fréquentées, aboutissant aux boulevards, par exemple les rues Talayral, de la gendarmerie, du chemin court, sont de véritables fondrières,, ainsi que l'était la rue Savaron, laissée si longtemps défoncée, impraticable.

*Latrines* sous la terrasse du Postel, qui ont mis l'administration en bonne odeur dans le quartier la Gazelle, 300 francs.

*Bornes-fontaines* faites en partie avec les souscriptions des voisins intéressés, et réparations aux conduits, 1.000 fr.

*Chemin vicinal* allant de celui de la Bageace à la route du Puy, 4.000 fr. — dépense inutile n'intéressant que le petit adjoint et quelques vignerons, ayant nécessité une surimposition. Rectification du chemin d'intérêt commun de Brioude à Lorlanges, dépense d'utilité certaine.... pour les fiefs du sire de Beaumont et ceux de ses vassaux, vavasseurs et vilains de la banlieue, 11,000.

*Beaux-Arts :* Cénotaphe en pierres de taille grises où *ci-gît* une petite république en zinc, sans jambes, ni bras, plantée sur une aiguille, pour célébrer la mémoire de la naissance de la grande République de 1792, 2.800 fr. — dépense couverte en grande partie par des souscriptions particulières, une allocation de 500 fr. par le Conseil général, et faite par une gestion occulte. *Gros culs-de-lampes* de style épatant, dans la salle de théâtre, pour inonder de lumière et de sons, les spectateurs, 300 fr.

*Hangar* pour remiser les bancs sur lesquels s'asseyaient les vendeuses de comestibles, qu'on a envoyé se promener, leur panier à la main, au milieu des chars de bois, hangar assez rapproché du mur de la prison, pour servir d'escalier aux détenus qui ont envie de prendre la clef des champs, 300 fr.

N'ayant pas sous les yeux tous les chiffres officiels des dépenses que nous venons d'énumérer, il doit y avoir des erreurs en plus ou en moins, dans quelques-uns de ceux que nous donnons. Il y aurait lieu aussi de retrancher les 13.000 fr. pour dépenses obligatoires, compensées en grande partie d'ailleurs par les 6.000 fr. que devaient avoir en recette dans leur budget, les administrations Marsal et Esculier, et qui ont été encaissés par l'administration Devins, avec 2.000 fr. en plus pour les intérêts. Mais pour ne pas avoir l'air de liarder, nous portons à 100.000 fr. en chiffres ronds, la quote-part de l'administration Devins, dans les travaux et dépenses faites pour la ville depuis dix ans. A nos concitoyens d'en apprécier la quantité, la qualité, l'utilité.

Enfin, le terrain sur lequel nous avons été forcés de suivre nos adversaires, est complètement déblayé. Nous pouvons, il en est temps, entrer dans le vif d'un débat où nos adversaires parlent de choses qu'ils devraient savoir et ne savent pas, et plutôt comme des aveugles, des couleurs, où en parlent avec plus de mauvaise foi encore que d'ignorance.

Nous avons le devoir, étant mis en cause comme maire et comme directeur de la Caisse d'épargne de Brioude, de l'apprendre à ceux qui désirent en être instruits. D'abord, voici comment l'affaire s'est engagée ; la caisse de Brioude s'emplissait et se vidait silencieusement, sans que personne s'en préoccupât ; un inspecteur des finances, en ayant scruté les profondeurs, y découvrit un coulage de 60.000 francs environ, dont 9.000 provenant de faux, et le reste de détournements pour dépenses illégales. Son rapport, bientôt connu, fut la pierre jetée dans la mare aux grenouilles qui veulent un maître, la bombe qui fit éclater le couvercle de la caisse secrète.

Le caissier, à qui nulle responsabilité n'incombait, dut verser immédiatement, pour empêcher des poursuites, les 9.000 fr. pris par le sous-caissier, qui était un employé de son père, lorsque les faux furent commis. Une polémique très vive s'engagea entre les souteneurs du président du conseil des directeurs, qui, montant sur ses grands chevaux de bois, proclama et fit proclamer avec éclat par ses feuilles de choux, le droit qu'il avait d'agir comme il l'a fait, et ses adversaires qui le sommèrent de restituer à la caisse ce qui lui est dû.

*<br>* *

Les Caisses d'épargne sont des établissements d'utilité locale destinés à recevoir et faire fructifier les petites épargnes. Aux termes de la loi organique de 1835, dont nous citerons les principales dispositions, elles sont fondées généralement, sur la demande des Conseils municipaux, qui délibèrent les statuts destinés à les régir, et approuvées par le Conseil d'État qui en autorise la création.

Les directeurs sont nommés par le Conseil municipal, qui doit en prendre un tiers au moins dans son sein, et choisit les autres parmi les personnes recommandables.

C'est à ce titre que les conseillers municipaux, nommés en même temps que ceux de droit, sont directeurs. mais, ainsi que le maire, cessent de l'être en cas de remplacement par un mode quelconque, dans l'administration municipale.

La caisse est responsable des détournements faits par

ses caissiers ou sous-caissiers, qui ne peuvent être poursuivis que par les parties intéressées, auxquelles ils doivent rendre ce qu'ils ont pris, parceque les faux, les actes délictueux qu'ils ont commis, ne sont pas des faux en écritures publiques, des actes dont le ministère public peut demander compte, la Caisse d'épargne étant un établissement particulier.

Les directeurs ne peuvent toucher aucune rémunération, même sous la *forme de jetons de présence*.

Le fonds de réserve appartient à la Caisse comme le fonds de dotation, mais celui-ci est inaliénable.

L'existence des Caisses d'épargne créées par l'État, ne cesse que par le retrait de cette autorisation ou à l'expiration du terme de l'autorisation, sur la demande des directeurs approuvée par le Conseil municipal, à cause, soit du peu d'importance des opérations de Caisse, soit de l'insuffisance des ressources, pour les dépenses, et l'épuisement complet des ressources de la commune pour pourvoir aux frais d'administration ou de reconstitution de la Caisse. Après le remboursement complet des intérêts des déposants restants, les fonds disponibles sont consacrés par le Conseil municipal, avec l'autorisation de l'État, à des œuvres de bienfaisance ou d'utilité publique.

Eh, bien ! voici comment par les paroles, les écrits, les faits et gestes, le double président du Conseil municipal et du Conseil des directeurs et ses souteneurs de droite et de gauche comprennent, appliquent la loi. Les conseillers municipaux élus comme recommandables restent en fonction jusqu'à l'expiration de leur mandat, eussent-ils été soumis à une réélection ou remplacés. La Caisse d'épargne est faite pour alimenter celle de la ville qu'elle soit percée ou non. Les directeurs peuvent toucher impunément des jetons de présence.

Le sous-caissier n'est pas tenu de verser le cautionnement obligatoire, qui permet d'avoir un recours contre ses infidélités. Le fonds de réserve appartient à la ville, à laquelle il doit revenir lorsque la dissolution de la Caisse est prononcée.

On verra bientôt à l'œuvre ces interprètes fantaisistes d'une législation aussi claire que précise. A présent, c'est de la Caisse d'épargne de Brioude que nous avons à parler.

*<br>* *

Cette Caisse fut fondée en 1843, à l'aide de souscriptions faites par quelques personnes au nombre desquels j'étais. Ses statuts furent ceux généralement adoptés partout. Au début, les opérations étaient peu nombreuses, il y avait un seul trésorier, M. Pouzols, un de ces cumulards du juste milieu, passé après le coup d'État au napoléonisme, qui jusqu'en 1864, fut en même temps percepteur, receveur municipal, trésorier de l'hospice et du bureau de bienfaisance. La Caisse était ouverte trois fois par semaine, d'abord, dans une salle de la Mairie; un des directeurs assistait aux opérations, comme contrôleur.

Lorsque les opérations devinrent plus nombreuses ce directeur fut remplacé par un contrôleur rétribué, le premier fut M. Couleret, un employé des droits réunis; le bureau fut transporté au rez-de-chaussée de la maison Grenier, l'ancien doyenné acheté par la ville et où fut logé le caissier.

Au commencement de la première année la Caisse avait à elle un capital de 5.400 fr. c'est, l'origine du fonds de dotation qui, ne s'accroissant que par des donations ou les intérêts qu'il rapporte, et se confondant avec les fonds de réserve pour former le capital de la Caisse, fut porté quelques années après à 39.963 francs, par l'achat du montant en capital de deux titres de rentes sur l'État, 3 pour cent.

Comme l'intérêt payé aux déposants était d'après ses statuts de 3 fr. 50, elle touchait sur les 4 fr. %. montant de la subvention de l'État aux Caisses d'épargne, 50 centimes dont elle pouvait disposer pour ses dépenses particulières, et, dès qu'elle put le faire, elle en donna la moitié aux déposants dont le revenu fut alors de 3 fr. 75 %.

'A la fin de l'année, la solde due aux déposants fut de 90.114 fr. Le fonds de réserve a grossi de plus en plus chaque année avec le nombre des déposants. En 1884 la solde due aux déposants, s'était élevée à 4.143.000 francs, le fonds de réserve atteignait en 1888, 98.000 fr., la solde due aux déposants était de 5 millions 367.790 francs, celui des livrets de 7.822.

En l'an de grâce 1898, les bureaux de la Caisse sont montés du rez-de-chaussée au premier étage où ils occupent trois chambres, aménagées comme ne le sont aucun des bureaux, aucune des études de banquiers et d'homme d'affaires de Brioude. Ils sont ouverts tous les jours aux déposants, ont un caissier qui est une caissière, un sous-caissier, un employé rétribué, un contrôleur salarié, un autre contrôleur, conseiller municipal et directeur de la Caisse, qui reçoit des jetons de présence. Les déposants reçoivent 3 % d'intérêt, une nouvelle loi ayant abaissé pour toutes les Caisses, le taux de l'intérêt, et elle garde pour ses dépenses, ses libéralités, presque tout ce qu'elle reçoit de l'Etat pour la bonification des intérêts des déposants. Le fonds de réserve s'élève à 154.934 fr., la solde due aux déposants à 6 millions 747.000 fr., celui des livrets à 9.417. Entrons dans les détails :

*<br>* *

En premier lieu, nous allons faire prompte et bonne justice de ce tissu de niaiseries, de racontars, de mensonges débités contre l'administration *St-Ferréol-Esculier*, accusée par ceux qui ont puisé à pleines mains, sans droit comme sans nécessité, dans la Caisse, d'avoir gaspillé les fonds de réserve pendant les années 1886 et 1887.

S'entendant comme des larrons en foire, les anonymes du *Moniteur* et du *Radical* chantent en chœur, sur des airs différents, leurs litanies sottisières. Les cléricailleux rient comme de petites folles, parce que cette administration a, au lieu de cierges bénits, délivré des fusils aux élèves de l'école primaire, comme cela s'est fait dans tous les collèges et lycées de France, pour former ces bataillons scolaires passés de mode aujourd'hui, mais qui avaient alors une si grande vogue ; ils lèvent les bras au ciel, parce qu'elle a distribué des vêtements, des livres et des livrets de la Caisse d'épargne, aux garçons et aux filles des écoles communales laïques, ce qu'ils savaient, bien qu'ils feignissent de l'ignorer, car ils lui auraient donné le bon Dieu sans confession, si elle avait fait cadeau de l'histoire du Père Loriquet ou d'un chapelet béni à Lourdes, aux enfants des chers frères et des bonnes sœurs.

Les *radicailleux* appellent une prodigalité blâmable, l'argent qu'elle a donné au bureau de bienfaisance pour les pauvres, à l'hospice, pour les femmes en couche, qui en vertu du traité passé avec les dames de Nevers, ne peuvent y être reçues, ni en recevoir des secours. Ils lui reprochent d'avoir consacré, pendant ces deux années, à l'embellissement, l'assainissement des écoles laïques, élevées à grands frais par la ville et à des réparations locatives, quelques mille francs. Enfin leur chef de file à mis en vedette dans son officiel, cette apostrophe *ad hominem* que la presse de la coalition a publiée à son de grosse caisse » Administration St-Ferréol-Esculier, c'est de vous » que vient le mauvais exemple, c'est vous qui avez » mobilisé cette quantité d'ouvriers qui ont réparé nous » ne savons quoi. C'est vous qui avez secouru les pauvres » de Brioude, les fidèles abonnés au bureau de bienfai- » sance, avec l'argent qui revient d'après vous, aux » habitants des communes voisines. Puis, vous vous » plaignez qu'on ait été fidèle à vos leçons et qu'on ait » appliqué la manière de s'en servir que vous avez le » mérite d'avoir inventée.

Et ailleurs, » si votre administration qui a pris sur le » fonds de réserve 13.000 fr. par an, n'avait pas été rem- » placée en 1888, par l'administration Devins (qui s'est » attribuée 17.000 fr.,) votre petit commerce n'aurait fait » que croître et embellir. »

Ce serait certainement le cas de leur dire qu'ils voient une paille dans l'œil de leur prochain et ne voient pas une poutre dans le leur, si l'on n'était pas certain qu'ils disent ce qu'ils savent ne pas être vrai, pour pouvoir baver sur des adversaires, une de ces calomnies dont il reste toujours quelque chose, bien qu'elle soit basée sur un de ces mensonges qui ne tiennent pas le point, étant cousus avec du fil blanc. Toutefois, ils crient si fort, qu'ils l'ont fait croire, comme une vérité indiscutable, à ceux de leur concitoyens qui n'étaient pas nés à la vie politique il y a quinze ans, ou ont une mémoire de lièvre, comme à ceux qui sont venus se fixer à Brioude et n'ont pu plaider que les circonstances atténuantes.

Or, cette vérité sur laquelle repose tout l'échaffaudage élevé si péniblement, mais avec tant d'ardeur par ces farceurs qui veulent que leur chef de file puisse faire prendre aux badeaux des vessies pour des lanternes, est la plus ridicule, la plus absurde des inventions. Aussi, comme il s'agit ici d'un fait patent, indeniable, qui ne prête à aucune équivoque, nous n'avons à répondre à nos rodins du crû, que ce que Pascal disait aux jésuites de son temps, qui l'appelaient tison d'enfer, *mentiris impudentissime.*

Ces folliculaires, en effet avaient fait leurs dents en 1885, car ce fut alors qu'ils ont le plus aboyé contre moi. Ils savent donc parfaitement qu'à la fin de 1885 j'ai été élu député par le scrutin de liste, et que n'étant pas de ceux qui cumulent des fonctions qu'ils ne peuvent pas remplir simultanément, comme le fait par exemple leur benjamin, qui est en même temps maire, conseiller général, médecin de l'hospice, médecin du bureau de bienfaisance, député, j'ai immédiatement donné ma démission de maire. Ils savent aussi que c'est l'administration Marsal-Esculier, qui a remplacé l'administration St-Ferréol-Esculier en 1886, et l'administration Esculier-Grenier, qui a remplacé l'administration Marsal en 1887.

A moins de prétendre que tout en n'étant plus maire,

je n'ai pas cessé d'être président du Conseil de la Caisse, aux délibérations duquel je n'ai jamais dû ni pu prendre part, habitant Paris, ou que mon nom reste perpétuellement attaché à celui de mes successeurs et dans ce cas, la ville possèderait en ce moment, une administration *St-Ferréol-Devins* dont je suis l'éditeur responsable, la plus vulgaire honnêteté, le moindre grain de bon sens exigeaient que c'était ma gestion 1884 et 1885, non celle, de mes successeurs, de 1886 et 1887, qui devait être comparée à celle de leur maire en 1896-97.

Au lieu donc d'étaler dans chaque numéro de leur feuille d'annonces un tableau indiquant les dépenses faites dans les années 1886 et 1887, par les administrations Marsal et Esculier, en regard de celles faites dans les années 1896-1897 par l'administration Devins, ils auraient donné celui-ci :

DÉPENSES FAITES AVEC LES RECETTES DE LA CAISSE

D'ÉPARGNE

## ADMINISTRATIONS

| St-Ferréol | | Devins | |
|---|---|---|---|
| 1884. . . . | 9 735 | 1896 . . . . | 15.142 |
| 1885. . . . | 9.684 | 1897. . . . | 17.053 |
| TOTAUX . . | 19.419 | | 32.195 |

Seulement, il aurait sauté aux yeux de ceux qui en ont pour voir, comme des oreilles pour entendre, et sans plus ample informé, que si la Commission de la Caisse avait fonctionné sous l'administration St-Ferréol, pendant les dix ans qu'elle l'a fait sous l'administration Devins, qu'avec la hauteur de vue, l'esprit d'a-propos qui le distingue, l'un des rédacteurs du journal clérical a déclaré on l'a vu, avoir arrêté la dilapidation du fonds de réserve, ce fonds aurait 60.000 fr. de plus qu'il n'a aujourd'hui. —

Ceci est clair comme une goutte d'eau de nos fontaines, quand il n'a pas plu. On ne manquera pas de prétendre que ce sont là de simples paroles qu'on ne peut pas accepter de confiance. Soit! C'est par des chiffres, et rien n'est brutal comme les chiffres, que nos dires vont être prouvés. Pour cela, nous empruntons au *Moniteur* lui-même, en restituant aux trois premières annuités le montant du loyer pour le bilan de notre administration, et à la copie d'un rapport officiel, pour celui de l'administration actuelle, les résultats que voici :

### COMPTE RÉNDU DES OPÉRATIONS DE LA CAISSE DE BRIOUDE

## ADMINISTRATIONS

| St-Ferréol | | Devins | |
|---|---|---|---|
| 1876. . . . | 3.199 | 1888. . . . | 8.781 |
| 1877. . . . | 4.528 | 1889. . . . | 9.987 |
| 1878. . . . | 5.990 | 1890. . . . | 13.966 |
| 1879. . . . | 6.702 | 1891. . . . | 12.053 |
| 1880. . . . | 8.938 | 1892. . . . | 15.187 |
| 1881. . . . | 9.801 | 1893. . . . | 13.477 |
| 1882. . . . | 10.763 | 1894. . . . | 15.520 |
| 1883. . . . | 13.650 | 1895. . . . | 15.142 |
| 1884. . . . | 9.084 | 1896. . . . | 17.053 |
| 1885. . . . | 9.735 | 1897. . . . | 17.185 |
| TOTAUX . . | 92.390 | | 138.341 |

Peut on attribuer ces suppléments de dépenses faites par l'administration Devins, alors même qu'elles l'auraient été légalement, à l'augmentation considérable du capital appartenant aux déposants? à aucun titre. En 1888, ce capital était de 5 millions 300.000 fr.; à la fin de 1897, il est de 6 millions 702.000 fr., le nombre des livrets est de 9.417.

Comme ce n'est pas sur des hypothèses, mais sur des faits accomplis, que nous devons raisonner, nous ferons connaitre plus loin le chiffre exact de la somme qui doit être restituée à ce fonds de réserve.

Auparavant, acceptant, revendiquant, même la responsabilité de tous les actes de notre administration et regardant comme un honneur d'avoir donné, si cela est réel, l'exemple des libéralités à faire aux établissements de bienfaisance, d'assistance, d'instruction publique, nous avons à rendre compte de ces libéralités, comme des raisons que nous avons eues pour le faire.

Nous avons cru et nous croyons toujours, en disposant comme nous l'avons fait des fonds laissés à notre disposition, être resté fidèle à l'esprit comme au texte de la législation sur la Caisse d'épargne.

Le capital formé et s'accroissant par l'excédant des recettes que les Caisses font sur leurs dépenses, doit devenir, après leur dissolution, la propriété de ces établissements de bienfaisance, d'utilité publique, qui sont distincts de la ville proprement dite. Celle-ci a un budget ordinaire et extraordinaire avec lequel elle peut leur faire aussi des libéralités, mais elle ne peut recevoir, ni dans l'avenir, ni dans le présent, des libéralités de la Caisse, de quelque nature qu'elles soient.

Elle n'en a pas moins intérêt à ce que ceux dont les héritiers seront mis, dans un avenir indéfini, en possession d'un capital qui peut devenir énorme et dont ils ne sauront que faire, en profitent dès à présent, et cela en diminuant ses dépenses, tout en donnant, à ceux de ses habitants qui sont pauvres, infirmes, malades, ignorants, les moyens d'améliorer leur situation matérielle, intellectuelle et morale. Cela ne porterait aucun préjudice aux déposants, qui n'auront jamais droit à une part de ce fonds de réserve.

L'État qui recueille dans ses Caisses, un capital dont il paye un intérêt supérieur à celui qu'il reçoit, doit vouloir que ce capital augmente le moins possible. Les Caisses d'épargne enfin, ne peuvent que voir avec plaisir augmenter le nombre de leurs déposants, si ·le bien être des populations rend possible l'épargne.

Les seuls abus à craindre et qu'on peut empêcher, c'est qu'il soit fait des dépenses exagérées, soit par des libéralités autorisées, soit même pour les besoins des la Caisse, car alors, on empêche ainsi l'accroissement progressif du fonds de réserve, qui ayant atteint un chiffre déterminé, pourrait permettre au conseil des directeurs d'augmenter d'abord l'intérêt des sommes ne dépassant pas 500 fr , puis même ceux de la totalité des livrets, en contribuant par l'abandon, comme la nôtre l'avait fait, d'une partie de la remise qui leur était faite.

Nous sommes en cela d'accord avec les législateurs et les conseils des Caisses d'épargne. En 1886, à la suite des pertes énormes qu'avaient faites les Caisses de quelques villes importantes, le gouvernement avait préparé un projet de loi tendant à faire, des fonds de réserve de toutes les Caisses, un fonds commun qui aurait amplement suffi à les assurer contre toutes espèces de sinistres. Un congrès des Caisses d'épargne se réunit à Paris. Ce congrès où nous assistions, comme député, avec notre caissier Bussière, combattit et repoussa à une immense majorité ce projet, déclarant que chaque Caisse en évitant les abus pouvait se suffire à elle même, et devait rester propriétaire de son fonds de réserve.

Nous n'entendons pas d'ailleurs le patriotisme comme ce rédacteur du *Moniteur* qui, après avoir écrit en 1883, qu'il fallait rendre à la Caisse ce qui était à la Caisse, à la ville ce qui était à la ville, vient de reprocher à ceux qui ne veulent pas que les intérêts de cette Caisse pas plus que d'autres intérêts soient sacrifiés à ceux de leur ville, de n'être pas patriotes.

Ce sont les abus en tous genres qui doivent être dénoncés, réprimés, et ce sont ces abus qui sont reprochés à l'administration Devins, contre laquelle des accusations d'une bien autre gravité sont portées et que nous défions ceux de nos adversaires qui cherchent des noix sur des saules, de pouvoir imputer à la nôtre.

Celle-ci est hors cause.

*Ça vous la coupe*, mes beaux faiseurs de comptes et de contes à dormir debout. Vous ne pourrez plus chanter à tue-tête, avec accompagnement de crécelles, ce refrain emprunté aux élèves des écoles congréganistes, qui, en tout temps, à tout âge, cherchent à faire retomber sur autrui, les punitions ou blâmes qu'ils ont mérités. *C'est la faute à St-Ferréol; c'est lui M'sieur qu'à commencé.* Ils ne manqueront pas, il est vrai, de dire, comme dans la fable, le loup à l'agneau qui, avant qu'il ne fut né, avait troublé son breuvage :

> Si ce n'est toi c'est donc ton frère,
> Ou bien quelqu'un des tiens

Aussi, c'est parce que, comme on connaît les saints on les honore, que beaucoup, avec nous, présument que ces disciples de Loyola, n'ayant pas osé attaquer les morts directement, ont voulu les frapper sur notre dos.

Est-ce à dire que nous entendons laisser retomber sur nos successeurs immédiats, Marsal et Esculier, la responsabilité de dilapidations quelconques, de gestion occulte, de détournements de fonds, de dépenses exagérées ? personne ne le supposera. Ce retour sur le passé nous donne au contraire l'occasion de rendre un hommage de reconnaissance et d'affectueux souvenirs, à ces deux maires de ce que, dans leur gestion à la Caisse d'épargne comme à l'hôtel de ville, ils ont fait légalement, loyalement, utilement, pour les malheureux, les écoles publiques.

Ils ont chacun, pendant leur année d'administration, pris sur les recettes, pour les dépenses personnelles de la Caisse et les libéralités à faire, 13.000 fr. soit 3.000 fr. de plus que l'administration Saint-Ferréol, dans ses deux dernières années, et 4.000 de moins que l'administration Devins, dans ses deux dernières années aussi.

Ces dépenses ont été ainsi réparties :

## ADMINISTRATION MARSAL-ESCULIER

|  | 1886 | 1887 |
|---|---|---|
| Traitements, frais de paiem*. | 6.143 | 6.033 |
| Loyer . . . . . . . | 600 | 600 |
| Bienfaisance . . . . . | 1.500 | 2.200 |
| Hospice . . . . . . . | 400 | 400 |
| Bibliothèque populaire . . | 000 | 100 |
| Rép*ons* locatives, embellis*nt* | 2.406 | 1.000 |
| Écoles . . . . . . . | 2.408 | 2.700 |
| Totaux. . . . | 13.457 | 13.033 |
| Reste pour le fonds de réserve . . . . . . | 4.377 | 5.003 |

Au début de l'année 1888, le fonds de réserve et da dotation était de 86.000 francs.

Ces Conseils avaient-ils le droit alors 'de faire des libéralités comme des dépenses ?

La situation de la Caisse, les finances de la ville, la justice civile, la législation en vigueur lui donnaient ce droit comme ce pouvoir. La preuve en est qu'à la fin de chaque année, le budget des recettes et des dépenses était présenté, discuté, voté sur des pièces justificatives, des mandats nominatifs, inscrites en gros et en détail dans un procès-verbal signé par tous les membres présents, et dont copie était envoyée au ministre du commerce, publ'é dans tous les journaux de la localité.

Aucune injonction, aucune observation, n'ont été faites à son président, par l'autorité compétente, ni par les déposants ou leurs organes, et aucun inspecteur des finances n'a, comme celui qui a découvert le pot aux roses fleuries depuis 1889, rien trouvé à redire aux opérations des années précédentes.

Les fonds de réserve montant déjà à 80.000 fr. étaient plus que suffisant, pour mettre à l'abri des sinistres de tous genres — incendies, vols, détournements, coupables ou interdits — les 30.000 fr. qui, les jours de versement et de remboursement, pouvaient se trouver au maximum pour quelques heures, dans le coffre-fort du caissier.

La ville de Brioude, à cette époque avait à solder les grands travaux d'utilité publique dont nous avons parlé ; et comme c'était au moyen d'emprunts qu'elle avait pu trouver les ressources nécessaires, elle avait dû rembourser à ses créanciers 13.000 fr. par an.

Alors aussi, elle avait à sa disposition dans son budget chaque année, 18.000 fr. de moins que l'administration actuelle, savoir, en plus comme dépenses : pour l'instruction primaire 7.500 fr., les traitements des instituteurs et institutrices des écoles primaires et des écoles maternelles étant maintenant payés par l'État : pour la police 1.000 fr. le commissaire étant remplacé par un agent ; pour l'amortissement, par la diminution des annuités, 3.000 fr.; pour deux gardes champêtres supprimés, 1.600 fr. ; pour le feu d'artifice de la fête nationale supprimé, 400 fr. ; pour la part dans le loyer du bureau de postes, supprimé, 200 fr.

Elle touchait en moins en recettes : pour le loyer du café de l'hôtel de ville, 500 fr. ce loyer porté sous l'administration actuelle à 1.000 fr., ce qui a forcé le limonadier à abandonner son établissement, le gagne pain de sa famille ; pour les droits de place, 1.000 fr. ; augmentation due au plus grand nombre de marchands forains fréquentant ses marchés ; pour les droits d'octrois, 3.000 fr., le brigadier ayant, par une indélicatesse renouvelée depuis à la Caisse d'épargne, encaissé pour ses besoins personnels ces fonds revenant à la ville.

Dans ces conditions, la ville ne pouvait pas s'imposer des dépenses extraordinaires, non obligatoires, faire des libéralités dont elle pouvait se dispenser.

*<br>* *

Les tribunaux ont reconnu la parfaite correction, la légalité indiscutable des libéralités faites par la Caisse sous nos administrations, comme des réparations et embellissements nécessaires au bâtiment où était le siège de la Caisse, bâtiment que la ville, après avoir gardé longtemps ses bureaux gratuitement dans sa mairie, avait laissé à un prix très modéré, et que nous avions faits à cause de l'état délabré ou il était, n'ayant pas été occupé depuis plusieurs années. Il fut constaté que ces dépenses avaient pour but de donner au trésorier et aux déposants, toutes les garanties de sécurité désirables, et de pourvoir d'autre part les écoles récemment créées, du mobilier et des agréments que la ville n'était pas en mesure de leur fournir.

Nous avons eu à faire faire un crépissage grossier, des reprises à la toiture, des réparations au second étage. C'est à cause de cela que cette année, nous avons dépensé ainsi 13,000 francs ; nous n'avons pas à en faire mystère, n'ayant rien à dissimuler pas plus qu'à désavouer.

Ces 13,000 francs ont été ainsi employés : frais de bureaux, traitements, réparations 8,700 francs ; dons faits au bureau de bienfaisance, à l'hospice, aux écoles 4,800 fr. Les recettes ayant été de 14,525 francs, ce fut 932 francs que reçut le fonds de réserve.

C'est alors, pour ne citer que des villes voisines, que Clermont donnait annuellement 30,000 fr. à son bureau de bienfaisance, qu'Issoire consacrait 100,000 francs à la construction du bâtiment ou il plaçait les bureaux de sa Caisse et le logement de son trésorier.

Le neveu de son oncle Pradier-Nouhen, correspondant de *l'Echo du Velay* dont le *Moniteur de Brioude* est, comme il l'est encore, le digne pendant, avait dans des articles que l'Achille du monde clérical signait X-X, sans nier d'ailleurs d'en être l'auteur, dénoncé, avec son dévergondage de style et son esprit haineux, ce qu'il appelait *les scandales journaliers de la Caisse d'épargne de Brioude, sous la haute direction du citoyen Martinon de St-Ferréol, maire, et d'une douzaine d'assesseurs, pau-*

*vres pantins qui gesticulent quand leur chef tire les fils.*

Il en publia un autre intitulé : *Gaspillage des fonds de réserve ; recours des déposants contre des administrateurs infidèles,* et qui commençait par ces phrases :

» Un de ces jours derniers si vous aviez passé devant la
» maison attenant à la halle au blé, vous auriez vu que
» cette maison était envahie par force maçons y opérant
» des réparations aussi coûteuses que peu urgentes. La
» maison était à la ville ; rien n'obligeait le trésorier ou la
» Commission de la Caisse à faire cette générosité. La
» Caisse a depuis longtemps l'habitude de se livrer à ces
» coupables agissements. On puise dans le coffre-fort
» 1,300 francs et 1,400 francs annuellement, dont les
» clients du bureau de bienfaisance ont la charge, sans
» qu'il soit démontré qu'ils en ont le profit. »

Les récriminations, les accusations portées contre moi aujourd'hui sous le voile de l'anonyme, sont renouvelées, on le voit, des nonhanneries de ce passé. Seulement si elles sont moins diffamatoires ou moins vénimeuses dans la forme, elles sont si ridicules, si malveillantes dans le fond, qu'il faut être denué de ce simple bon sens qui court les rues, et croire que les autres en sont dépourvus, pour les publier à son de trompe. Ainsi les deux journaux de l'administration Devins, qui a dépensé 9 à 10,000 francs pris sur le fonds de réserve, on le verra bientôt, pour des réparations de luxe à faire à des bâtiments appartenant à la ville, ou pour l'agrément du trésorier et du sous-trésorier de la Caisse, s'indignent que nos administrations aient payé 2 à 3,000 francs, des maçons, des plâtriers, des serruriers, des charpentiers pour faire des réparations indispensables à des bâtiments loués à la ville pour y placer les bureaux de la Caisse, et le logement du trésorier, ou occupés par des écoles auxquelles la ville n'accordait que le nécessaire. Ils s'imaginent qu'il y a des logements comme des écoles, sans portes, sans fenêtres, sans escaliers, sans cheminées; ils font des gorges chaudes de ce que, pour une simple Caisse, des cours de grammaire, d'écriture, de calcul, ce sont des ouvriers du bâtiment qu'on a dû rétribuer. Cassons du sucre et passons.

Les directeurs étaient Amédée St-Ferréol, maire et président en cette qualité ; Esculier, 1er adjoint ; Marsal, avocat; le Dr Noir, président du Conseil d'arrondissement; Pouget Joseph, conseiller municipal ; Porte-Chapuis, juge au Tribunal de commerce ; Marsal, avocat, conseiller général ; Tabouret, juge au Tribunal de commerce ; Veyssère, juge au Tribunal de commerce ; Béraud Amable, président du Tribunal de commerce, le contrôleur Francaulon et le trésorier Bussière. Ils étaient tournés en ridicule, accusés de dilapidations signalées. Le citoyen Noir était appelé un *sous-vétérinaire, Hippocrate ne dédaignant pas les présents d'Artaxerxès, etc,.* le citoyen Béraud, un *argentier, parce qu'il défait et fait les préfets et les députés, ne comprend pas qu'on peut avoir un autre avis que le sien;* le citoyen Esculier, *un jeune premier de 75 ans, échappé de séminaire, sans passer à la Caisse;* le citoyen Pouget, *pommadin;* le citoyen Marchet, *bouche en cœur ;* le citoyen de St-Ferréol, trop connu pour qu'il soit possible d'ajouter un trait à sa laide personnalité, etc, etc, et il les dit se congratulant *tous de la facilité qu'ils trouvent de faire dans la Caisse des tours de gibecière.*

Le Conseil des directeurs ne pouvait pas laisser passer inaperçues, impunies de pareilles diffamations. Il déposa une plainte en diffamation au Parquet, qui poursuivit d'office en police correctionnelle, le Nouhen et l'*Echo du Velay*, et il se porta partie civile.

Sa plainte fut soutenue avec leur talent bien connu, par deux avocats républicains, Me Laguerre, du barreau de Paris, et Me Montchamps, du barreau du Puy, Nouhen et Fraydier furent défendus par trois avocats cléricaux du barreau de Riom, Mes Mandet, Salvy, Lacarrière. Après toutes sortes de faux-fuyants, de moyens dilatoires, de plaidoiries pour retarder le jugement, les prévenus firent défaut devant le Tribunal de Brioude, qui condamna

Nouhen comme auteur principal, à 500 francs d'amende, Freydier à 300 francs, et tous les deux à payer solidairement aux parties civiles, la somme de 2,000 francs pour dommages intérêts. Il ordonna que le jugement serait publié dans tous les journaux de la Haute-Loire et dans deux journaux du Puy-de-Dôme et du Cantal. Ce juge ment dont Nouhen seul fit appel, puis se désista, fut confirmé par la cour de Riom. Les membres de la Commission versèrent au bureau de bienfaisance les 2,000 francs qui leur avaient été alloués.

Le président actuel de la Caisse, nous saura gré, on ne peut en douter, d'avoir rappelé cet épisode judiciaire, qui est un précédent de nature à lui donner l'assurance, que ceux qu'il accuse de l'avoir diffamé et annonce devoir traduire en police correctionnelle, seront rigoureusement condamnés. C'est ce qu'il ne peut manquer de faire, bien que ceux-ci, pour s'étourdir, lui cornent aux oreilles tous les jours.

> Nous l'attendons sous l'orme,
> Nous l'attendrons longtemps.

A la même époque un des rédacteurs du *Moniteur* non moins catholique, apostolique et romain que Nouhen, avait lancé l'anathème contre nous, accusés d'hérésie administrative. Mais laissant le bouillant Achille aux doigts légers, dont il n'avait ni l'audace, ni le tempérament bilieux, sanguin, casser les vitres et mettre les pieds dans les plats, le prudent Ulysse du parti avait chanté la même litanie sur un autre air, en si bémol, prenant des mitaines pour cacher ses ongles, et mettant une sourdine à sa guimbarde, pour ne pas se compromettre. Aussi, nous ne lui fîmes pas porter ses culottes sur les bancs de la correctionnelle, nous nous contentâmes de le rappeler à la pudeur. C'est ce que nous devons faire encore, puisque retournant à ses vomissements, il donne, par la reproduction, sans amendements, sans modifications, de ses opinions d'alors, la preuve que s'il n'a rien oublié, il n'a rien appris et persiste dans une impénitence finale.

Il est vrai qu'il a dû prendre un article tout fait, pour boucher le trou fait dans son journal, au moment ou il allait paraître, par la suppression de la seconde liste des *ligueurs de la Patrie française.* Ceux-ci ayant appris l'arrestation du grand chef de la *ligue des patriotards,* Déroulède, leur alliée, comme l'est celle de la *jeunesse royaliste,* ont ajourné à Pâques où à la Trinité, leur adhésion publique à cette ligue.

Ce polémiste à l'eau bénite a fait toutes sortes de découvertes dans la Caisse à surprises. C'est lui qui alors et depuis peu même, a de nouveau signalé la nature, la constitution des Caisses d'épargue, dans ces aphorismes :

» Les Caisses doivent rester à perpétuité dans les
» hôtels de ville; le Conseil des dicrecteurs, (dont on
» connait les membres) avait une composition illégale,
» étant composé de douze membres, dont huit, non compris
» le maire, faisaient partie du Conseil municipal, alors que
» sous l'administration Cougnet (dont le *Moniteur* dit que
» M. Coupe était *le plus bel ornement*) il n'y en avait que
» trois, y compris le maire et ils n'étaient pas en majorité.
» Ce Conseil payait à la ville un loyer tantôt de 600 fr.
» tantôt de 800 fr., tantôt de 1,005 fr. Il affectait au
» traitement des employés, une somme beaucoup plus
» considérable que celle donnée par la Commision du Puy,
» qui avec sa succursale avait beaucoup plus d'employés,
» ayant plus de déposants. Le fait d'empêcher l'accroisse-
» ment de fonds de réserve n'a aucun inconvénient
» puisqu'il y a un autre fonds, appelé le fonds de dotation,
» qui est *sans fond.* Ce fonds de réserve, n'en est pas
» moins institué pour parer à toutes les éventualités ; si
» dans 10 ou 15 ans Brioude n'avait pas un caissier
» honnête, comme cela est arrivé à Tarare, ou le déficit a
» été de 800,000 francs, les déposants seraient exposés à
» perdre leurs fonds. La Caisse de Brioude a fait des

» dépenses folles pour la ville comme pour le bureau
» de bienfaisance, les écoles. »

Tous ces aphorismes sont vrais, si ce n'est qu'il faut
lire : aucune Caisse d'épargne n'est restée installée dans les
hôtels de ville dès qu'elles ont pu avoir un logement ou y
ont dû payer un loyer. Le Conseil, à Brioude, a toujours
payé à la ville de Brioude, pour la partie de maison occu-
pée par la Caisse, 600 francs par an jusqu'en 1889.

Le Conseil, créé en vertu d'une loi qui ne prête à
aucune équivoque, a toujours été composé de neuf membres, non compris le maire, parmi lesquels étaient des
membres nommés par un Conseil municipal indépendant,
avec un maire indépendant, et sa composition, à tous les
points de vue, était probablement aussi bonne que celle du
Conseil d'aujourd'hui doublure du Conseil municipal, dont
les journaux de la coalition clérico-libérale ne cessent de
vanter les vertus champêtres et domestiques.

La situation des Caisses d'épargne dans notre département, était alors d'après un rapport présenté au Conseil
général et qui est transcrit dans les procès-verbaux de ses
délibérations, celle-ci : Solde des déposants : arrondissement du Puy, le Puy et sa succursale 1,933,000 francs ;
arrondissement d'Yssingeaux, 1,780,000 francs ; Brioude,
4,010,000, le double des deux autres réunies.

Les déposants trouvent dans le capital de la Caisse,
composé du fonds de réserve et de dotation, accru par
l'excédant annuel des recettes, sur les dépenses, une
garantie, non pour la conservation de leurs épargnes, qui
sont dans les Caisses de l'État, nous le répétons, car le
capital fut-il dix fois plus considérable qu'il ne l'est, ne
leur rembourserait pas les millions qu'ils ont déposés, mais
pour les détournements, vols ou faux commis par des
employés infidèles, et les sinistres de tous genres auxquels
sont exposés les coffres-forts où les trésoriers encaissent
les fonds versés.

C'est ainsi qu'avant les 15 ans prévus par l'un des
hommes d'état du *Moniteur*, il y a eu un employé infidèle

et les déposants n'ont rien perdu. C'est le trésorier à qui
on n'a jamais eu rien à reprocher, qui a été rendu responsable de ce que le grand adjoint a appelé une indélicatesse
et qui n'a qu'un recours illusoire contre le vrai coupable,
parce que le président du Conseil n'a pas exigé de lui le
cautionnement prescrit par les règlements.

Le fonds de dotation et le fonds de réserve sont confon-
dus dans le même bloc, qui augmente, 1° par les excédents
de recettes sur les dépenses faites chaque année, recettes,
provenant de la retenue d'un demi à un quart, sur les
intérêts alloués aux déposants, 2° par les intérêts des
sommes déposées à la Caisse des dépôts et consignations.
Ce fonds figure dans tous les comptes-rendus des opérations
des Caisses d'épargne, sous ce titre : *Capital de la Caisse.*

Quand on diminue d'une manière quelconque le fonds
de réserve, on diminue le capital. C'est ce qu'a fait le
protégé du journaliste clérical, dont nous reproduisons,
aussi exactement que possible, les opinions, les pensées,
qu'il a formulées en 1899 comme en 1883, mais qui ne
nous rend pas la pareille. N'ayant pas lu le livre de
536 pages dans lequel nous exposons un projet de réforme
agraire et industrielle, il s'est empressé de reproduire
dans sa feuille, une notice d'une revue anti-socialiste,
intitulée le *Polyblion*, où le critique, semblable à celui
qui a trouvé une épingle dans un char de foin, signale une
de ces coquilles ne pouvant être corrigées que par les
errata des éditions suivantes : J'y suis déclaré coupable
d'avoir appelé *anarchiste*, Malthus, dont je combattais la
doctrine qu'on peut appeler anti-anarchiste, par la con-
trainte qu'elle impose à l'individu dans l'intérêt de la
société, tout en le proclamant un grand **économiste**.

Aucun socialiste n'ignore en effet que le malthusianisme
n'a rien de commun avec l'anarchie, dont Proudhon a le
premier donné une théorie qui implique la suppression de
tout gouvernement, et qui a pour représentants éminents,
au point de vue scientifique et libertaire, Elysée Reclus
et le prince Kropstkine, et, en fait brutal, violent, criminel,

pour exécuteurs et exécutés les Vaillant, Henri, Caserio et autres. Rentrons dans la Caisse.

Les deux journaux de la mairie, qui attaquent nos administrations à fond de train, leur attribuent tous ces hauts faits dont peut se vanter l'administration Devins ; la translation à grand frais du bureau de la Caisse, d'une pièce du rez-de-chaussée dans la chambre d'un premier étage, bureau d'où fut expulsé le cercle de *l'Union*, dont les membres protestaient alors vivement contre les procédés du maire qu'ils applaudissent aujourd'hui ; une chemise de couleur à gros grains et empesée, donnée après un crépissage de dix ans, à toute la façade de la maison appartenant à la ville, pour le plus grand agrément des promeneurs et des habitués d'un café restauré à neuf; la *réparation* coûteuse d'autres bâtiments purement communaux; une *augmentation* considérable des traitements, frais de bureau, comme des dépenses anonymes; la *diminution* des versements à faire au fonds de réserve, etc.

Maintenant nous sommes arrivés au point culminant, décisif, du débat. Laissant de côté les accessoires, quelque importants qu'ils soient : questions de personnes, d'appréciation, d'interprétation, d'opportunité, d'utilité, de chiffres, c'est la législation sur les Caisses d'épargne qui va démontrer de la manière la plus évidente, que les administrations St-Ferréol, Marsal, Esculier, ont fonctionné en observant rigoureusement la loi, et que l'administration Devins l'a constamment violée.

Aussi maintenant je puis dire : *Teneo lupum auribus,*

Ce qui s'explique difficilement, c'est que ceux qui ont levé le......... mettons *lièvre, le latin dans les mots bravant l'honnêteté*, ne lui aient pas asséné immédiatement le coup de la fin avec la loi, au lieu de lui faire la chasse à courre, sur la piste seule de la gestion occulté, pour le forcer dans le fourré où il croit et peut se croire invulnéble, inviolable, par sa position et ses agissements à la

Chambre, étant relancé pour la partie purement administrative de ses faits et gestes.

Il y a un pied dans tous les camps, des bulletins pour tous les partis. C'est ce que personne n'gnore. Ainsi à l'occasion de l'affaire Dreyfus qui a divisé tous les partis, à l'exception des cléricaux, les éternels ennemis de la liberté de croyance, de la liberté de pensée, de la liberté de la presse, de l'égalité des races, de la fraternité des peuples, il s'est proclamé ouvertement antisémite; il a accusé dans son journal la Chambre criminelle comme les journalistes socialistes, de s'être vendue au syndicat dreyfusard, et voté, avec les ministériels, le dessaisissement de cette Chambre, non pour cause d'indignité, puisqu'on ne l'a pas éliminée, mais pour l'adjoindre aux deux Chambres, afin, a dit le président du Conseil des ministres, que l'arrêt rendu eut plus d'autorité.

Dans l'interpellation provoquée par le maintien de la devise *Dieu protège la France*, dans la nouvelle frappe de louis d'or sur lesquels ne crache pas le député Devins (Louis pour les dames a qui donne sa binette *l'Abeille*, tous les samedis, pour deux sous) il a voté avec les matérialistes, la suppression de Dieu, qu'il sait n'avoir aucune influence dans les élections de ce bas monde. Puis il a voté avec la gauche modérément progressiste, le maintien dans la marine, des aumôniers qui appartiennent à l'armée noire, sur l'appui de laquelle il peut compter dans les luttes électorales; enfin, il s'est abstenu, avec cette fraction du parti libéral composé d'esprits forts en théorie, qui veulent une religion pour le peuple, mais s'ils ne s'associent pas aux manifestations religieuses publiques, ne s'y opposent pas dans des questions relatives au culte. Donc, votre chauve député, électeurs de droite et de gauche, peut dire :

> Je suis un oiseau, voyez mes ailes ;
> Je suis souris, vive les rats.

Dans ces conditions les armes que les défenseurs de l'épargne des déposants doivent employer, c'est la loi, devant laquelle tous les français sont égaux, doivent s'incliner. Ici elle sera le canon 120.court qui doit démolir toutes les redoutes, tous les camps retranchés, toutes les chausse-trappes derrière lesquels s'abrite celui qui n'a à jeter aux yeux, que de la poudre avec fumée ; c'est la législation régissant les Caisses d'épargne qui va mettre chacun et chaque chose à sa place; en voilà les principales dispositions :

La loi organique de ces Caisses est de 1833. L'article 10, leur attribue la propriété du fonds de réserve, qui doit se former par l'excédant sur leurs dépenses, des recettes provenant des bénéfices de la part d'intérêts donné par l'État aux déposants.

1835. — Une disposition spéciale ajoutée à cet article 10 autorise les Caisses à *employer une partie de leur bénéfice, à des œuvres locales d'assistance et de bienfaisance.*

1889. — Des dépenses exagérées ayant été signalées, des injonctions sont faites officiellement pour que les dépenses soient réduites dans une juste mesure.

1893. — Soit qu'il n'ait pas été tenu compte de ces injonctions, soit que des sommes considérables eussent restées encaissées, sans que des versements proportionnels aux recettes aient été faits, une nouvelle disposition provoquée par des détournements que des trésoriers ont fait de fonds déposés dans leur coffre-fort, retire *l'autorisation de faire des libéralités à des établissements ou œuvres de bienfaisance; elle permet seulement aux Caisses qui ont une certaine importance d'emprunter sur leurs bénéfices, une somme minime qu'elles répartiront en livrets aux enfants des écoles, ou qu'elles affecteront à d'autres emplois propres à stimuler l'épargne et à accroître le nombre des déposants.*

Alors, le Conseil d'État, ayant reconnu l'illégalité des *autres libéralités jugées par lui contraires au but poursuivi par ces établissements en vertu de leurs statuts, a déclaré ces libéralités nulles, sans valeur, devant en conséquence, être annulées.*

1895. — Par une dernière loi dont le résultat devait être d'accroître le fonds de réserve, que devaient diminuer, avec le nombre des déposants, l'abaissement et le taux de l'intérêt payé aux déposants, la réduction à 1,500 francs du capital à déposer, la création de la Caisse postale, le Parlement a suspendu *complètement toutes les dispositions autorisant les Caisses d'épargne à employer une partie de leurs bénéfices, à subventionner des œuvres de bienfaisance, d'assistance de tous genres.*

*<br>* *

Le président du Conseil des directeurs connaissait parfaitement cette législation, parce que si personne n'est censé ignorer la loi, un maire, comme toute personne chargée de l'appliquer, est tenu de la savoir, mais de plus, parce que les instructions ministérielles concernant les Caisses d'épargne sont régulièrement envoyées aux directeurs et trésoriers. La preuve qu'il là connaissait, c'est qu'il la tournait. Les dépenses et les recettes étaient faites sans être accompagnées de pièces justificatives, de mandats nominatifs, des reçus réguliers, et inscrites sans être détaillées, dans des procès-verbaux incorrects, des comptes-rendus incomplets communiqués, seulement, à un public d'élite.

Bien plus, le président du Conseil reconnaît lui-même, par une inconséquence inexplicable, donnant des verges pour se faire battre, (*Radical* novembre 1898), *que les Caisses ne peuvent prendre sur le fonds de réserve que ce qui leur est nécessaire pour se construire une maison.* Ce qui est d'ailleurs une absurdité, les Caisses ont le droit de prendre ce qui leur est nécessaire pour leurs besoins réels de tous genres.

Nous devons à la vérité de dire que, si les administrations qui ont précédé l'administration actuelle sont coupables, celle-ci est la plus innocente des administrations passées, présentes et futures, car ses agissements sont contraires à tous ceux des autres. On pourra en juger, par sa comptabilité, ensuite par son interprétation et appréciation des lois relatives aux Caisses d'épargne.

En fait, pendant ses dix ans de règne, de 1889 à 1898, elle a pris sur les bénéfices de la Caisse, 140,000 francs, le fonds de réserve s'est élevé de 95,000 fr. à 154,000 fr.

Cette augmentation serait normale, suffisante, si elle était faite légalement, proportionnellement aux recettes, nous n'en disconvenons pas. Seulement elle ne l'est pas. Si en 1888, où il n'est entré en fonction qu'au mois de juin, alors que le budget avait été arrêté fin décembre de l'année écoulée, le nouveau maire n'a dépensé que 8,581 fr., il s'est rattrapé sur les exercices suivants. Il a fait, on le sait, successivement des dépenses de 11, 13, 15, 17.000 fr., sans observer aucune des prescriptions édictées par la législation, augmentant même ces dépenses à mesure que les prohibitions devenaient plus restrictives, plus sévères.

Voici d'ailleurs un aperçu du genre de dépenses inavouées ou inavouables dont il est responsable :

Le loyer des bureaux a été porté de 600 à 1.500 fr. ; le traitement des employés, frais de bureau, de 6.000 à 9.000 fr. ; les réparations locatives et autres de 2.000 à 4.400, pour le logement du caissier, 4.500 fr., pour celui du sous-caissier; il a été acheté douze poêles pour que, sans doute, les douze administrateurs et employés ne puissent pas prendre des rhumes de cerveau, coût 600 fr. ; pour les besoins aussi de ce personnel qui avait à sa disposition deux urinoirs, l'un au rez-de-chaussée, l'autre au premier étage, et pour ceux des passants pressés de vider leur trop plein dans la première caisse percée venue, on a restauré, par un entourage de balustrade et de revêtement en zinc et briques, la pissotière placée à l'extérieur, à côté de l'hôtel du Nord: Coût des deux (1896 et 1898), 4.540 fr.; plan et devis d'une marquise devant la porte d'entrée, près de la Halle, pour que les administrateurs de la caisse ne se mouillent pas les pieds, lorsque étant venus avec leur équipage, ils ont à pénétrer dans leur local, coût 300 fr. Seulement la marquise est restée en plan, à la suite de la visite de l'inspecteur des finances, qui a jugé que de simples parapluies suffiraient pour empêcher les directeurs de se mouiller.

Contribution à une fête musicale, 1.300 fr. ; restauration complète du café situé au rez-de-chaussée de la maison où est la Caisse, 1.700 fr. ; réparations à la toiture, 312 fr.; vidange de la fosse d'aisance en 1891 et 1896, pour les besoins toujours des douze administrateurs qui à ce qu'il paraît sont toute l'année en foire, 521 ; à la veille d'élections municipales, 300 personnes appartenant pour la plus grande partie à cette catégorie de besoigneux qui viennent des campagnes voisines, se faire inscrire au bureau de bienfaisance, avec leur progéniture, comblant les vides faits par l'excédant des décès sur les naissances, dans notre ville dont ils modifient ainsi le caractère, le moral, mais sont électeurs, ont été envoyés flâner la pioche ou la pelle à la main, un mois, dans le communal du Reclus.

Ce communal appelé jadis la *grenouillière*, dont pour supprimer la promenade au bois de la Fraternité, le maire Pradier avait voulu faire un parc anglais orné de statues, et que le maire Devins disait vouloir transformer en un square ombragé et fleuri, est devenu, par suite des dépôts et débris de toute espèce recouverts de ronces et d'orties, une fondrière pierreuse où les lézards ont remplacé les grenouilles. Surplombé par les résidus blanchâtres des usines voisines, qui en s'accumulant, auraient fait, à peu de frais, les buttes du champ de tir, qui sur notre proposition y auraient été établies, sans l'opposition des dissidents de 1885, ce communal finira par devenir une colline comme l'une des sept sur laquelle était bâtie Rome, et qu'on appelle le *mons Testacio*, ayant été élevée avec des pots cassés.

En fait de libéralités à des établissement de bienfaisance et d'assistance, celles dont nos administrations acceptent, revendiquent la responsabilité, car elles étaient autorisées par la loi, sont déclarées des dilapidations par le parti devinien, et l'administration est proclamée par lui immaculée, à l'abri de tous reproches, lorsqu'elle a fait le même genre de libéralité, en violant la loi avec un faux-nez, sous la forme de fonds mis à sa disposition ou de gratifications aux employés, ayant ainsi donné 16,000 fr. au bureau de bienfaisance, 900 fr. aux écoles.

Vous contesterez nos dires, fanatiques partisans de votre Louis, le Devins, sire de Beaumont et autres lieux ? Nous nous y attendons. Nous vous renvoyons aux procès-verbaux du Conseil, que vous pouvez consulter, éplucher à loisir, quand et comme vous voudrez, ce que vous refusez à ceux qui vous le demandent. Lorsque vous avez le toupet de proclamer que ces pièces étant secrètes, vous ne pouvez pas en prendre connaissance, vous débitez un mensonge doublé d'une absurdité; tout le monde sait votre Conseil municipal, votre Conseil de la caisse, votre municipalité et vous parconséquent, être les fabricants, les détenteurs et les dispensateurs de ces pièces que vous tenez sous clef et dont nous n'avons eu connaissance que par des extraits de journaux, etc.

A vous maintenant, grands hommes d'affaires et d'église, défenseurs de la veuve et de l'orphelin, de l'ordre et de la religion, de la propriété et de la famille, avocats sans pareils, avoués parfaits, qui formez le comité électoral et le conseil de famille de votre député, de faire proclamer celui-ci, innocent comme l'enfant qui vient de naître, bien qu'il touche à la cinquantaine. *Sub judice lis est.*

Nous parlant à sa personne, pour qu'il n'en ignore, comme disent ceux qu'Arnale, non l'aumônier de la Visitation, mais l'auteur des variétés, appelait ces gueux d'huissiers, nous résumons cette longue discussion en ces termes :

Monsieur le Maire, président du conseil de la caisse, vous avez pendant vos dix ans d'administration pris 140,000 francs à la caisse de Brioude, cela est établi par vos délibérations, le relevé de vos comptes-courants. Ces 140.000 francs ont été dépensés avec le concours, le consentement des directeurs de ce conseil. Eux seuls pourraient dire le contraire, qui ne dit rien consent. Vous ne les avez pas mis dans vos poches, ni dans celles de vos co-directeurs, personne n'a porté contre vous cette accusation. Ils ont été employés en dépenses pour le besoin de la caisse, ou pour des libéralités diverses ; vous le reconnaissez vous-même. De ces dépenses, les unes vous étaient permises, les autres vous étaient interdites, c'est la loi qui le veut. L'épargne des déposants n'a pas été compromise par ce genre de détournements, comme le bruit en a couru, leurs fonds sont dans les caisses de l'Etat. Ils peuvent seulement espérer avoir des conseils moins besoigneux, plus libéraux, qui augmentent les intérêts qu'ils reçoivent, en leur allouant une fraction de ce que l'Etat leur remet. Nous vous accordons encore ici les circonstances atténuantes.

Les dépenses que vous aviez le droit de faire étaient celles nécessaires pour le loyer, les traitements, frais de bureau, réparations, libéralités qu'il vous a été permis de faire jusqu'en 1891, mettons pour ne pas marchander 1893.. Nous les portons, pour vous être agréable, à cause de l'augmentation du nombre des employés et du prix du loyer, à 10,000 fr. par an, soit 3,000 fr. de plus que sous nos administrations. C'est donc 100.000 francs, montant de ces dépenses pendant dix ans, qu'il faut retrancher de la somme à restituer à la Caisse d'épargne.

En conséquence, c'est 40.000 fr. que vous êtes tenu de verser à cette caisse, sans compter les intérêts dont nous vous tenons quitte, au risque de nous faire accuser de sacrifier les intérêts des déposants aux vôtres, mais que l'autorité compétente pourra bien vous réclamer, avec peut-être quelques autres mille francs pour dépenses non justifiées ou illégalement faites. La cause est entendue par tout le monde.

*
* *

Dès lors, nous vous enfermons dans ces deux dilemmes cornus, nous vous défions d'en sortir.

Président du conseil de la caisse, vous avez consacré 40.000 francs à des dépenses faites dans l'intérêt de la ville, et alors ces libéralités étant déclarées nulles, les fonds versés, si ces fonds ont été dépensés régulièrement, légalement (sans gestion occulte), doivent être restitués par la ville, sur ses ressources ordinaires si elle en a, sinon avec une surimposition sur les habitants, qui ne pourront que vous en témoigner leur reconnaissance en temps et lieu. Ou vous les avez employés, partie en donnant des aumônes aux pauvres, partie en payant leur salaire aux ouvriers que vous avez commandés; et alors, comme les pauvres ne peuvent pas rendre l'aumône qui leur a été faite, que les ouvriers ont le droit de garder le salaire acquis par leur travail, c'est à vous et aux membres du conseil, s'ils vous ont laissé agir en connaissance de cause ou ne vous accusent pas d'abus de confiance et d'excès de pouvoir, à restituer les 40,000 francs à la Caisse. Maire et président du conseil municipal, vous n'avez pas donné de subventions à la ville, et alors vous avez menti comme un arracheur de dents en place publique, et vous n'en êtes que plus tenu de restituer les 40 000 fr. à la caisse.

Ou vous avez dépensé ces 40 000 fr. pour le compte et le profit de la ville ; et alors comme vous avez fait des recettes et des dépenses sans l'intervention du conseil municipal, encaissé les recettes communales, qui ne peuvent l'être que par le receveur municipal, devant recevoir et payer toutes les sommes appartenant ou données à là commune, quelle qu'en soit l'origine ; et que vous avez payé les dépenses sur des mandats fictifs, sans titre de perception, vous vous êtes rendu coupable de gestion occulte, et vous devez, non seulement restituer les 40,000 francs réclamés, mais encore être révoqué sur le champ.

Sur ce, salut et... pas fraternité.

*<br>* *

Si la municipalité, le Conseil municipal, le Conseil des directeurs n'étaient pas une nouvelle trinité, un être en trois personnes, il y a longtemps que leur père et maire aurait été exécuté.

Mais en administration comme en politique, les vents et les flots sont changeants, tout lasse, tout passe, tout casse. Aussi comme il s'agit dans l'espèce, de détournements tombant sous l'application des lois non pénales, mais administratives, il passera beaucoup d'eau sous les ponts de l'Allier, avant que la prescription ne soit acquise au président du conseil de la caisse et du conseil municipal, que ses électeurs auront envoyé planter ses choux.

Alors, comme dit un proverbe légèrement modifié :

*Chacun faisant son métier, les caisses sont bien gardées.*

En attendant que ce martyre d'un nouveau genre soit, comme Saint Laurent, sur le gril où il devra, quand il sera rôti d'un côté, se retourner de l'autre, ceux qui veulent sauvegarder les intérêts des déposants à la Caisse d'épargne garantis par la loi, laisseront ces deux conseils et leur président se débarbouiller en famille. Ils n'ont qu'à faire avec les cornes de nos dilemmes, une scie aiguisée de manière à ce que les serpents à lunettes qui sifflent sur leurs têtes, s'y cassent les dents, et que son grincement continuel empêche l'autorité compétente de s'endormir sur le cas d'un maire convaincu d'incongruités administratives dans ses doubles fonctions. Cela fera que le député devra verser dans la Caisse de Brioude, ses

25 fr. par jour, jusqu'à la fin de la législature, ou rendu à ses chers malades, il pourra plus rapidement s'acquitter en y portant les 50 fr. par jour, qu'aux dire de ses amis, sa clientèle lui fournit.

Dès ce jour seulement, ce maire, qui, infatué par la position inesperée qu'il occupe, a cru pouvoir pendant sa longue administration, tourner des lois et détourner des fonds comme on sait, cessera d'entendre retentir dans les villes et les campagnes, ce cri sortant des profondeurs de leur Caisse d'épargne.

Devins, Devins, rends l'argent.

Et ce cri, qu'on peut appeler la voix du peuple est la conclusion de l'écrit, qu'ayant dû intervenir, pour des faits personnels, dans l'ardente polémique engagée autour de la Caisse d'épargne de Brioude, nous publions sur des données que, jusqu'à preuve contraire, il est permis de considérer comme officielles.

Amédée ST-FERRÉOL.

*Brioude. — Avril 1899.*

# POST-SCRIPTUM

Notre réponse aux accusations portées contre ma personne et mon administration, par ceux qui veulent faire retomber sur nous la responsabilité des détournements qu'on leur reprochait, était sous presse, lorsqu'a été publiée, dans l'*Officiel* de l'administration Devins, la fameuse délibération par laquelle le conseil des directeurs de la Caisse d'épargne, faisant son *med culpâ*, s'avoue atteint et convaincu de ces détournements illégaux, et est contraint à annoncer que la ville est condamnée à restituer à la caisse, par ordre des ministres du commerce et des finances, une somme de 16 à 18.000 francs.

Nous n'avons pour le moment rien à retrancher de cette réponse, qui, par des causes indépendantes de notre volonté est arrivée plus tard qu'il aurait fallu, pour avoir toute sa valeur; mais vaut mieux tard que jamais. Nous ne pouvons que constater ce fait éclatant, c'est que les accusés, comme le Gouvernement, reconnaissent, proclament, que ceux qui ont accusé le conseil des directeurs de détournements interdits par la loi, ont dit la vérité, rien que la vérité, toute la vérité.

Seulement, la caisse et l'opinion publique n'ont pas eu la satisfaction complète qu'elles attendaient. Ce qu'elles veulent, c'est que le coupable, seul rende au fonds de réserve, la somme entière qu'il a détournée, y compris celle qu'il entend faire payer par la ville, et soit poursuivi pour gestion occulte. En conséquence elles demandent que le président du conseil des directeurs, qui étant allé comme député solliciter la pitié des ministres de l'intérieur et du commerce, mal informés d'ailleurs, a le toupet de prétendre que ceux-ci ont transigé avec lui, soit renvoyé, comme coupable, devant ses juges naturels, le conseil d'Etat, les tribunaux, le ministre de l'intérieur.

Nous avons un autre devoir à remplir au moment ou il vient d'être pris la main dans le sac, pour ces détournements dont le chiffre dépasse de plus de moitié, celle des sommes qu'il avoue avoir illégalement dépensées et que la ville serait obligée de restituer. Lorsque désertant avec sa bande, croyant ainsi se mettre à l'abri des poursuites, le poste où ses fonctions de maire l'avaient placé, il lance sa flèche du Parthe, déchirant les statuts qu'il a violés, sa bêtise inconsciente, ne fait effectivement que croître et enlaidir.

Il ne se contente plus de nous accuser de nouveau, sans rime ni raison, d'avoir, pendant notre administration, dilapidé 100.000 francs et d'être redevable à la caisse de 40.000, alors qu'il est établi par des chiffres, qu'il a dépensé au minimum 60.000 fr. de plus que nous, et que c'est lui qui en a à restituer à cette caisse plus de 40.000 ; il ose mettre encomparaison, dans son officiel, les mémoires de nos dépenses faites légalement, avec celles contenues dans la liste é lifiante des siennes déclarées illégales. Il faut le voir pour le croire.

Dans sa feuille d'annonces s'étale une liste de nos dépenses dont le montant est de deux mille francs, et au milieu desquelles brillent, celles dûment payées sous une administration qui n'est même pas la nôtre, de 14 fr., pour achat de livres de prix au collège, à un libraire qui n'est pas le sien ; de 200 fr. pour diverses réparations dans les bureaux de la Caisse, à un plâtrier qui n'est pas celui par lequel il se fait blanchir; puis en 1878, 1880, 1882, sous notre administration, un mandat de 12 fr. pour un fourneau et des ustensiles de cuisine à la salle d'asile où il était nécessaire de faire ou réchauffer les soupes des

enfants ; payé au marchand de fer qui était alors le notre ;
un mandat de 191 fr. pour badigeonner, réparer l'intérieur
des bureaux de la Caisse; payé à notre plâtrier aussi, et
un mandat de 12 fr. pour savon, éponges, bonbons, à
distribuer aux enfants de la salle d'asile, payé à l'épicier
Francolon.

En face de ces quatre mandats, il dresse imprudem-
ment quatre mandats indûment payés qui nous dispensent
de citer les autres : un mandat d'un millier de francs pour
les douze poêles et la ferraille de la fameuse pissotière
Devins qui est au coin du quai, payé généreusement
à notre ancien marchand de fer devenu le sien ; un mandat de 1.500 fr. à ses ouvriers privilégiés, pour l'établissement dans le collège d'une kermesse où l'on n'entrait
qu'en payant ; un mandat de 4.453 fr. 99 aux plâtriers,
maçons, charpentiers architecte de sa paroisse, pour amé-
nagement du logement des employés, enfin, aux mêmes
paroissiens, un mandat de 4.415 fr. 34, sous ce titre qui
fait rêver, *approbation* (sic), des locaux occupés par
la Caisse d'épargne.

Par tous ces motifs, nous sommes donc contraints
d'administrer à notre Basile brivadois, qui nous a encore
laché dans les jambes ses bravi de plume, la volée de bois
vert traditionnelle qu'il n'a pas volée. Ce sera le plus tôt
possible. Il ne perdra rien pour attendre.

*Mai 1899.*

Issoire. -- Imprimerie BOUCHERON et VESSELY.